ESSAI

SUR

L'ART DE RESTAURER

LES

FAÏENCES ET PORCELAINES

ESSAI

SUR

L'ART DE RESTAURER

LES

FAÏENCES, PORCELAINES

TERRES-CUITES, BISCUITS, GRÈS, VERRERIES

ÉMAUX, LAQUES, MARBRES, ALBATRES

PLATRES, ETC.

PAR P. THIAUCOURT

PEINTRE-SCULPTEUR, RÉPARATEUR D'OBJETS D'ART

Avec un avant-propos

PAR J.-C. DAVILLIER

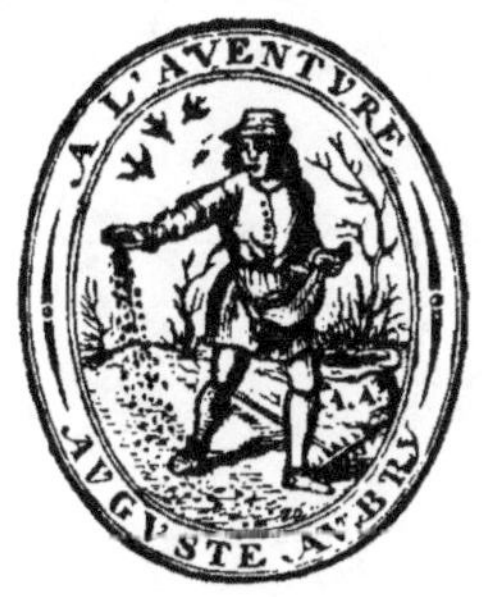

PARIS

CHEZ AUGUSTE AUBRY, LIBRAIRE

16, rue Dauphine, 16

1865

AVANT-PROPOS

Voici un petit livre qui sera accueilli avec empressement, car il vient à point au moment où la fièvre de la céramique s'est emparée d'un si grand nombre d'amateurs anciens et nouveaux. Chacun aujourd'hui veut se mettre en faïence, *comme on disait sous Louis XIV : ne soyons pas trop sévères contre ce que les profanes appellent la manie des* pots cassés. *D'abord, la céramique n'a-t-elle pas ses titres de noblesse, puisqu'elle est contemporaine des plus anciennes civilisations?*

Il faut bien dire aussi que les folies dont nous sommes aujourd'hui témoins ne sont pas sans précédents : les Romains payaient au poids de l'or les fameux vases murrhins; Pline l'ancien assure qu'un acteur paya un plat de terre cent mille sesterces, — plus de vingt mille francs! Que dire de la reine Christine de Suède, qui offrit de payer au poids de l'argent les vases en faïence d'Urbino qu'on voit encore à Loreto; et de l'Électeur de Saxe, qui donna un régiment de cavalerie en échange de quelques vases du Japon ?

Ne nous étonnons donc pas d'avoir vu payer dix mille francs une assiette de faïence italienne, et deux fois plus cher une salière de cette élégante poterie d'Oiron, improprement dite de Henri II, et à laquelle M. B. Fillon vient de restituer son vrai nom.

Si de telles merveilles sont inaccessibles à l'immense majorité des amateurs, ils s'en consolent en réunissant des faïences françaises plus modestes, auxquelles, à défaut d'autres mérites, on ne saurait refuser de grandes qualités décoratives.

Mais trop souvent, hélas ! ces fragiles souvenirs du passé ne nous arrivent qu'en fragments : sachons donc gré à un habile et modeste réparateur, de nous livrer les secrets de son art : chacun pourra désormais guérir chez soi les blessures de ses malades, et on pourra dire que désormais il n'y aura plus de pots cassés.

J.-C. Davillier.

ESSAI

SUR

L'ART DE RESTAURER

LES

FAIENCES ET PORCELAINES

I.

NETTOYAGE DES PIÈCES.

La restauration des faïences et des porcelaines demande les plus grands soins de propreté. On commencera par laver et savonner la pièce ; si elle a déjà été réparée, on veillera à ce qu'il ne reste pas la moindre partie de colle ou de corps étrangers dans les endroits qu'on doit rejoindre. S'il est resté de la peinture, on l'enlèvera en frottant avec un chiffon imbibé d'essence ou d'esprit-de-vin ; faute de ces précautions, on éprouverait de grandes difficultés, pour n'arriver qu'à un mauvais résultat.

Il est très-essentiel que chacun des morceaux reprenne sa place ; c'est pourquoi il est préférable de les gratter, et même, au besoin, de les diminuer, afin qu'ils se rajustent : le rebouchage remplacera ce qui aura été enlevé.

Quand les objets à réparer ont été précédemment recollés avec la gomme laque pure, il est très-difficile de les bien nettoyer : aucun savonnage ne suffirait ; chauffez-les fortement, prenez un bout de chiffon, et essuyez vivement lorsque la laque est en ébullition ; pour terminer, frottez avec un peu d'alcool : l'alcool dissout la gomme laque, et on obtient ainsi un nettoyage complet.

Lorsqu'une pièce a subi plusieurs restaurations, il arrive presque toujours que les morceaux ne se rejoignent plus : alors il faut y remédier en les recollant avec une pâte que vous préparerez en mêlant sur une plaque de marbre chauffée à une douce chaleur, du blanc d'Espagne et de la colle forte. Dans ce cas, comme pour tous les autres recollages, les morceaux doivent être légèrement chauffés au moment de poser le mastic.

Quand les pièces sont fraîchement cassées, le recollage devient bien plus facile : enduisez-les de colle forte liquide, joignez exactement les morceaux : les cassures seront à peine visibles, vous aurez peu à reboucher, et par cela même peu à repeindre.

Une grande difficulté dans la restauration, c'est de bien recoller, de bien reboucher, et d'user ce rebouchage, afin qu'en passant le doigt sur l'endroit, on ne sente pas la moindre saillie; il faut faire cette opération avec le plus grand soin possible, car elle est indispensable pour arriver à bien dissimuler les raccords.

Est-ce un plat ou une assiette qu'il s'agit de recoller ? Commencez, comme je l'ai dit plus haut, par bien nettoyer les morceaux, puis essayez-les les uns sur les autres, en ayant bien soin de remarquer par lesquels vous devez commencer, car il y en a qui, une fois recollés, ne permettraient pas aux autres d'entrer : quand vous êtes sûr de vos morceaux, mettez la colle forte fondre au bain-marie, puis approchez du feu les pièces par lesquelles vous devez commencer, afin de leur donner une douce chaleur ; quand la colle est fondue, ayez soin qu'elle n'ait pas trop d'épaisseur, car alors elle formerait de suite gelée, et ne collerait pas ; si elle est trop épaisse, ajoutéz quelques gouttes d'eau du bain-marie, et remuez au moyen d'un petit bâton. Prenez ensuite vos morceaux chauffés, sur lesquels vous étendrez la colle avec un pinceau ; puis joignez les morceaux sans trop appuyer, en passant de suite le doigt le long de la cassure, pour vous assurer qu'ils sont bien en place.

Une fois ce premier recollage terminé, posez la

pièce en équilibre le long d'un mur, et laissez-la un peu sécher. Au bout d'un quart d'heure, la colle est assez prise; continuez alors à ajuster les autres morceaux en procédant de la même manière.

Une fois la pièce entièrement recollée, laissez-la sécher un jour, afin que la colle acquière toute sa dureté ; puis grattez et lavez les bavures de la colle au moyen d'une éponge légèrement humide, et passez au rebouchage. (*Voir Ch.* XII.)

II.

DES DIFFÉRENTES COLLES.

COLLE FORTE.

La colle forte, lorsqu'elle est bien préparée, est la meilleure de toutes les colles. Voici la manière de l'employer.

Mettez dans un pot une partie de colle de Givet et une partie de colle de Flandre; remplissez d'eau froide, et laissez-reposer quinze heures; au bout de ce temps, jetez l'eau qui reste dans le pot et mettez-le, sans ajouter d'eau, au bain marie pendant deux heures; cette cuisson rendra la colle limpide et claire.

Au bout d'un certain temps, la colle épaissira ; ajoutez-y quelques gouttes d'eau du bain-marie : cela suffira pour la rendre assez liquide.

Lorsque la colle devient trop vieille, il faut la renouveler, sans quoi elle perdrait de sa solidité.

La colle forte est d'un usage excellent, surtout pour les objets cassés qui comportent beaucoup de morceaux ; car étant tres-liquide, elle occupe peu de place, et permet à tous les morceaux d'adhérer facilement.

III.

COLLE DE POISSON.

On s'en sert pour recoller les porcelaines et les faïences, mais on l'emploie principalement pour le verre et le cristal. Cette colle, étant blanche, ne laisse aucune couleur à l'objet raccommodé, et dissimule presque complétement la cassure ; elle se prépare et s'emploie comme la colle forte.

IV.

SILICATE DE POTASSE.

Le silicate de potasse est liquide et s'emploie à froid ; il sert à recoller les objets transparents, tels que le verre et le cristal. On s'en sert aussi pour faire des rebouchages, en le mêlant au blanc d'Espagne. Une fois sec, le silicate de potasse acquiert une certaine solidité ; seulement, on ne doit pas l'employer pour les objets qui seraient exposés à l'humidité.

V.

GOMME ARABIQUE.

La gomme arabique est d'une grande utilité dans la réparation : pour les recollages, elle ne s'emploie guère que mêlée à la poudre d'albâtre, pour recoller l'albâtre ; dans la réparation, elle est excellente, mêlée au blanc d'Espagne, pour faire une pâte destinée à reboucher les parties creuses que le collage laisse subsister.

La manière de préparer cette pâte sera indiquée plus loin.

VI.

GOMME LAQUE PURE.

La gomme laque pure est brune, et se vend en feuilles; on ne la trouve pas facilement toute prête à être employée; c'est pourquoi je crois utile de donner ici la manière de la préparer.

Prenez-en dix grammes, ajoutez-y un demi-gramme de soufre en poudre, et faites fondre dans un vase au bain-marie. Lorsque le tout est fondu, remuez avec un bâton afin de bien mêler les deux substances, puis versez dans l'eau tiède, vous obtenez ainsi une matière épaisse et molle; prenez-la ensuite avec les doigts et allongez-la en bâtons, qui se durciront en refroidissant.

Cette gomme est utile surtout pour les recollages qu'il faut faire de suite, car elle sèche très-rapidement: elle offre de plus un avantage sur les autres colles, c'est de résister parfaitement à l'eau.

On verra, au chapitre des recollages, quelles sont les pièces pour lesquelles on doit avoir recours à la gomme laque.

VII

RECOLLAGE A LA GOMME LAQUE PURE.

On ne peut y avoir recours ni pour les grandes pièces, ni pour celles cassées en beaucoup de morceaux : en effet, comme tous les morceaux doivent être chauffés fortement, il serait impossible de les ajuster.

La gomme laque est excellente pour recoller des objets de peu de surface, comme l'anse d'un vase ou l'anse d'une tasse, le bouton d'un couvercle, etc. L'emploi en est très-facile. Ayez une lampe à esprit-de-vin, et faites chauffer vos morceaux assez fort pour que leur seul contact fasse fondre la gomme laque, et remplisse la partie qui doit être recollée : une fois les deux morceaux chauffés, vous les approchez immédiatement en les ajustant bien, et vous les tenez ainsi une minute : cet espace de temps suffit pour que les morceaux adhèrent. Il faut éviter de chauffer la laque à la flamme de la lampe : elle perdrait sa qualité.

Ce recollage est excellent, surtout pour les objets qui peuvent être exposés à l'humidité : je l'emploie principalement pour les porcelaines qu'il est impossible de percer, comme par exemple le vieux Saxe. Il n'est pas de meilleure manière de recoller; mais il faut réussir du premier coup, sans quoi on serait obligé de recommencer; quand on remet les morceaux au feu, la laque se brûle et ne colle plus. Quand il existe dans des vases ou autres pièces, des trous, des coups de feu ou des fentes qui empêchent d'y tenir de l'eau, le seul moyen de les boucher est de prendre la gomme laque. On fera chauffer la pièce, et on appliquera sur les trous ou fentes, de la gomme laque ordinaire chauffée à la lampe; on la fera pénétrer et on l'étendra ensuite avec une lame de couteau chauffée. Une fois qu'elle sera refroidie, il suffira de gratter et d'égaliser.

VIII.

GOMME LAQUE BLANCHE.

La gomme laque blanche est un peu moins solide que la gomme laque pure, mais, étant incolore, elle offre l'avantage de ne pas former tache et de recoller très-proprement. On la prépare ainsi : prenez 10 grammes de gomme laque blanche, 3 grammes de mastic en larmes, et 1 gramme de térébenthine de Venise; le tout, mis dans un petit vase au bain-marie, se fondra et produira un mélange que vous tirerez en bâtons, exactement comme le précédent.

IX.

GOMME LAQUE BRUNE LIQUIDE.

Cette gomme est très-utile pour le recollage des pièces de faïence dans lesquelles il reste de l'humidité, ce qui détériore les colles fortes et autres : elle résiste à l'eau, et est excellente aussi pour les pièces qui ne peuvent être chauffées.

Pour préparer cette gomme, mettez dans un flacon en verre de la gomme laque en feuilles, puis remplissez avec trois parties d'alcool à 40 degrés et une partie d'éther à 56°, et bouchez avec un bouchon de liége ; laissez reposer quelques jours, et la dissolution sera faite. Si elle est trop claire, ajoutez de la gomme laque en feuilles afin de lui donner plus d'épaisseur et, par suite, plus de solidité.

Chaque fois que vous vous servirez de cette gomme, ajoutez quelques gouttes d'éther, afin d'accélérer la dessiccation ; elle est excellente pour la plupart des recollages.

X.

GOMME LAQUE ORDINAIRE.

La gomme laque ordinaire s'emploie surtout pour fixer solidement des pièces de porcelaine ou de faïence sur des garnitures en métal ou en bois.

On s'en sert également pour reboucher et pour remplir les écornures dans les pièces à réparer. Elle adhère très-bien et ne présente pas l'inconvénient des autres pâtes à reboucher, qui souvent donnent du retrait. La gomme laque ordinaire remplit bien et ne craint pas l'humidité ; de même que la laque pure, elle résiste à l'eau.

XI.

RECOLLAGE AU MASTIC DE VITRIER.

J'ai souvent eu à restaurer des pièces qui avaient été antérieurement recollées au moyen de ce mastic : rien n'en égale la solidité, et il est très-difficile de le détremper ; pour y parvenir, il m'a fallu faire bouillir des pièces des journées entières. Malheureusement, le mastic est trop épais, ce qui ne permet pas de remettre chaque morceau en place ; il a en outre l'inconvénient d'être d'un aspect et d'une odeur désagréables.

XII.

REBOUCHAGE DES PIÈCES RECOLLÉES.

Pour préparer la pâte à reboucher, on prend une plaque de verre ou de marbre, sur laquelle on gratte du blanc d'Espagne qu'on arrose de quelques gouttes d'eau gommée (10 grammes de gomme arabique blanche pour un verre d'eau) ; on mélange bien avec le couteau, afin d'obtenir une crème un peu épaisse : si elle était trop claire, on aurait du retrait. Pour faire entrer convenablement cette pâte dans l'endroit à reboucher, on se sert d'une petite spatule, outil dont se servent les mouleurs, et qui est indispensable pour bien reboucher. On pose, au moyen de cette spatule, la pâte le long de la cassure, puis on rabat de chaque côté, afin que la pâte forme saillie : comme elle diminue en séchant, on ne sera pas obligé d'en ajouter.

Une fois ce travail terminé, on laisse sécher, et il ne reste plus qu'à user la partie saillante, ce qui se fait avec du papier de verre *zéro* pour dégrossir, et *double zéro* pour polir et terminer. On passe ensuite le doigt le long de l'endroit usé, pour s'assurer qu'il est bien uni ; s'il en était autrement, il faudrait recommencer. car la peinture souffrirait de ce mauvais travail.

XIII.

COMMENT ON REND LE SON AUX PIÈCES FÊLÉES OU FENDUES.

La moindre fente dans une faïence ou porcelaine fait sonner le fêlé : il suffit de remplir cette fente pour rendre à la pièce un son pur : si la fente atteint les trois quarts d'un plat, il vaut mieux le séparer tout à fait et le recoller ensuite : chercher à reboucher une fente sans avoir pu y introduire de la colle, ce serait faire un mauvais travail. Pour reboucher l'intérieur des fentes, on fera chauffer légèrement la pièce, on ouvrira la fente en tirant légèrement de chaque côté, et on y introduira de la colle forte un peu claire au moyen d'une lame mince ; ensuite on rapprochera les morceaux, en rabattant avec les doigts les bavures de la colle. La pièce, une fois bien sèche, rendra le même son que si elle était intacte.

XIV.

MANIÈRE DE REFAIRE LES MORCEAUX.

Pour les grandes pièces, on se sert de plâtre fin de mouleur. Supposons qu'il s'agisse d'un plat : s'il est assez épais, mettez d'abord des fils de fer, en perçant un trou de chaque côté de l'endroit cassé (1) ; placez dans ces trous un fil de fer que vous soudez à chaque bout avec de la gomme laque, et qui doit soutenir le morceau refait ; prenez ensuite de la cire à modeler que vous pétrissez et amollissez avec les doigts et dont vous faites une couche de l'épaisseur d'un demi-centimètre que vous appliquez ensuite au fond du plat, à l'endroit manquant : c'est la cloison qui servira à soutenir le plâtre liquide ; gâchez ensuite dans un bol du plâtre suivant la dimension du morceau à refaire, remuez bien avec votre spatule, et quand il commence à prendre remplissez en ayant soin de ne pas laisser de soufflures et de faire les morceaux un peu forts, car il sera plus facile d'en retirer que d'en ajouter. Lorsque le plâtre sera tout à fait pris, c'est-à-dire au bout de quinze ou vingt minutes, défaites la cloison en cire, prenez une ripe de mouleur (2), et grattez légère-

(1) Voir, ch. XV, la manière de percer ce trou.

(2) Instrument en fer ou en acier muni de dents.

ment en dessus et en dessous pour dégrossir. Vingt-quatre heures après, le plâtre sera sec ; passez-le alors au papier de verre pour le polir; mélangez ensuite dans un godet de l'huile grasse et de l'essence de térébenthine, imbibez-en le morceau à l'aide d'un pinceau, et laissez sécher vingt-quatre heures.

Si, faute de soins, on avait trop usé le morceau, ou s'il se trouvait quelques défauts dans le plâtre, on y remédierait en rebouchant à la pâte de gomme et de blanc d'Espagne, après l'avoir enduit d'huile grasse. Dès que ce rebouchage est sec, passez de nouveau le papier de verre pour égaliser une dernière fois.

Quand le peu d'épaisseur de la pièce ne permet pas d'y percer des trous et d'y mettre des fers, faites, comme je viens de le dire, le morceau en plâtre; seulement, comme le morceau refait n'adhérerait pas, recollez-le à la colle forte, toujours en chauffant chaque pièce, nettoyez les bavures, passez à l'huile grasse et rebouchez à la pâte, si les bords de l'endroit recollé ont laissé quelques éclats.

Si les morceaux à refaire ne dépassent pas la dimension d'une pièce d'un franc, il vaut mieux les refaire en gomme laque ordinaire. Pour cette manière de reboucher, ayez une lampe à esprit-de-vin, afin de chauffer facilement et la partie à reboucher et le bâton de gomme laque: la gomme laque n'a de prise sur la pièce que lorsqu'elle est bien chauffée ; alors vous en mettez par couches et à plusieurs reprises, jusqu'à ce que le creux soit bien rempli. Ne vous occupez pas des bavures que la laque fera forcément, vous l'égaliserez avec une lame de couteau chauffée à la lampe, et que vous passerez sur l'endroit rebouché. Une fois la laque froide, enlevez le surplus de la laque avec un grattoir bien tranchant. On fait parfois des éclats en grattant ; alors il faut reboucher à la pâte de gomme et de blanc d'Espagne, et user ensuite au papier de verre. Si le morceau est venu bien droit, on le termine en passant simplement dessus un peu d'esprit-de-vin au moyen d'un petit chiffon.

Le rebouchage à la gomme laque est très utile, surtout pour les écornures et les petites cassures, où le plâtre ni aucune pâte ne pourraient tenir.

L'emploi des armatures en fil de fer est très-utile et donne beaucoup de solidité ; les fers une fois entrés dans les trous qu'on a percés, et ensuite soudés à la gomme laque, on peut sans crainte prendre la pièce par les endroits refaits.

Pour les anses, les becs, les boutons de couvercles, les pieds de vases et autres parties saillantes, ce procédé est excellent et d'une grande solidité.

XV.

MANIÈRE DE PERCER DES TROUS DANS LA FAIENCE ET LA PORCELAINE.

On prend pour cela des burins carrés, dont se servent les graveurs, et qui sont enfoncés profondément dans des manches en bois. Après avoir usé le burin sur un grès et lui avoir donné la forme d'un tourne-vis, plus le tranchant, on le trempe dans l'essence et on le tourne vivement en l'appuyant de la paume de la main sur l'endroit qu'on veut percer. C'est, du reste, un travail difficile et fatigant, qu'il vaut mieux faire faire par le premier metteur d'attaches venu.

Les attaches de fer sont parfois nécessaires, notamment pour les pièces d'un grand poids et d'une grande dimension. Je les dissimule en creusant de l'un à l'autre trou de l'attache une tranchée assez profonde, pour recevoir le fer; après quoi je rebouche soit à la pâte, soit à la gomme laque ordinaire. Il serait ennuyeux pour les amateurs de percer les trous et de faire cette tranchée : comme je l'ai dit plus haut, il vaut mieux confier à un raccommodeur ce travail grossier et ingrat; c'est ce que je fais moi-même.

XVI.

MANIÈRE DE POSER LES FERS.

Quand il s'agit d'un morceau à refaire, percez dans l'épaisseur de la pièce, de chaque côté de l'endroit cassé, un trou de la profondeur de trois millimètres; coupez un bout de fil de fer proportionné au morceau qu'il devra soutenir, plutôt un peu plus long; puis, lui faisant faire légèrement l'arc, introduisez les deux bouts dans les trous: le fer, en se détendant, les remplira. Faites ensuite chauffer chaque trou à la lampe à esprit-de-vin, et emplissez-le de gomme laque ordinaire et fondue à la lampe; le fil de fer étant fortement chauffé, la laque le consolidera en pénétrant dans la faïence.

Pour une anse de vase, de tasse, etc., percez un trou à chaque place marquée de l'anse manquante; puis, avec des pinces, donnez de suite la forme voulue au fil de fer, dont la grosseur sera proportionnée à la pièce. Ayez toujours soin de lui faire faire l'arc au moment de l'introduire dans les trous, puis soudez à la gomme laque; ensuite gâchez un peu de plâtre, que vous poserez sur votre fer, et mettez-en assez pour que l'anse se trouve plus forte qu'elle ne doit être; dégrossissez ensuite, quand le plâtre sera pris, avec un canif ou avec la ripe; le plâtre bien sec, unissez au papier de verre, puis donnez une couche d'huile grasse. On procède de même pour toute espèce de morceaux qui nécessitent des fers.

XVII.

DES COULEURS ET DES VERNIS.

Les couleurs qu'on emploie pour la restauration sont au nombre de douze, et suffisent pour obtenir tous les tons; en voici la liste:

Le blanc de zinc,
Le rouge de brique,
L'ocre jaune,
Le jaune de chrome,
Le bleu de Prusse,
Le bleu d'outremer,
Le bleu d'indigo,
La laque carminée,
Le noir de Chine,
Le noir de fumée,
Le vermillon,
La laque anglaise.

Toutes ces couleurs se vendent en poudre; on les délaye avec du vernis copal sur une palette en verre dépoli, et on les broie avec une molette en verre, après quoi on ramasse avec un couteau à palette la couleur broyée, et on peut s'en servir.

On aura un godet rempli d'essence de térébenthine, pour laver ses pinceaux après s'en être servi, ainsi que la palette et la molette: il ne faut pas négliger ce soin, car si, après avoir broyé du bleu ou toute autre couleur foncée, on voulait broyer du blanc, on n'obtiendrait que des tons faux.

Comme je viens de le dire, on se sert de vernis pour délayer ces couleurs. Prenez du copal de première qualité un peu épais, c'est-à-dire ayant du corps, afin qu'il conserve assez d'épaisseur sur l'endroit préparé pour jouer l'émail.

Servez-vous de pinceaux en martre: ils sont préférables aux autres, parce qu'ils sont très-doux et permettent ainsi d'obtenir le glacé. Les pinceaux dits *queues de morue* sont toujours aussi en martre, et s'emploient pour appliquer les fonds, que leur forme plate permet de mieux unir. Un moyen commode, c'est d'avoir une boîte de pastels assortis, où chaque couleur se suit et arrive par dégradation à former l'arc-en-ciel: on trouvera facilement chaque ton. Grattez-en un peu sur votre palette, et comme le vernis que vous ajoutez rend cette couleur plus foncée, ajoutez un peu de blanc de zinc.

XVIII.

PEINTURE DES PIÈCES RECOLLÉES ET REBOUCHÉES.

Quand une pièce est recollée et rebouchée, commencez par faire le fond, c'est-à-dire la couleur de l'émail ; vous préparez sur votre palette de verre les couleurs nécessaires à ce fond en y ajoutant quelques gouttes de copal ; broyez le tout avec une molette de verre, en ayant soin de bien mêler afin de ne laisser aucun grain. Une fois la couleur préparée, appliquez-la avec le pinceau dit queue de morue le long de la cassure, et ayez soin d'en étendre les bords au moyen d'un pinceau trempé dans du copal pur.

Si votre pièce a un décor ou un semé de bouquets, une fois le fond terminé, copiez ceux qui restent en ayant soin d'en conserver la naïveté. Cette nouvelle couleur au vernis, posée sur le fond avant sa sécheresse, produira ce gras et ces épaisseurs qu'on remarque dans l'émail des faïences anciennes et dans celui des porcelaines tendres. Ayez soin, quand vous préparez votre couleur, que le ton soit bien exact, c'est un point très-essentiel ; pourtant il vaut toujours mieux être au-dessous du ton qu'au-dessus, c'est-à-dire que les couleurs devant devenir plus foncées en vieillissant, il est préférable qu'elles soient plus claires à une millième partie près.

La peinture terminée, laissez sécher entièrement la pièce en la mettant près du feu. Si on a un four ou une étuve, elle ne séchera que mieux, ayez seulement une chaleur douce et continue, que vous obtiendrez au moyen d'une chaufferette placée dans le fond de l'étuve. Il faut avoir soin de conserver une petite ouverture dans le haut de la porte, afin de laisser échapper le vernis. Continuez ce chauffage pendant deux ou trois jours, vous obtiendrez l'apparence d'une vitrification et vous pourrez toucher l'endroit réparé sans en ternir l'éclat. Comme surcroit de soins, il sera bon d'ajouter une couche de vernis Sœhnée, en ayant soin de ne jamais revenir deux fois sur le même endroit; au bout d'une heure il sera sec, et la pièce sera terminée.

XIX.

DES BLANCS DE FAÏENCE.

Le blanc de la faïence de Moustiers est un des plus difficiles à réussir, l'émail de cette faïence étant extrêmement uni et gras. Prenez du blanc de zinc et broyez-le sur votre palette, puis ajoutez en très-petite quantité de l'ocre jaune, du jaune de chrome, du rouge de brique et une pointe d'indigo : les deux jaunes donneront de la chaleur à votre blanc, le rouge de brique servira à imiter la teinte que produit la terre sous l'émail, et la pointe d'indigo terminera le ton, du moins pour les pièces décorées de dessins bleus, et dont le fond prend d'ordinaire une légère teinte bleuâtre.

Les autres faïences des fabriques méridionales et la plupart des faïences italiennes demandent moins de bleu, les fonds étant plus chauds; on force seulement un peu le jaune.

Dans les faïences de Rouen, les fonds blancs sont verdâtres. Pour arriver au ton, prenez, comme pour les autres, le blanc de zinc, l'ocre jaune, le jaune de chrome et le bleu de Prusse, ces deux dernières couleurs un peu forcées, et vous arriverez ainsi au ton juste.

Pour les faïences de Nevers, au lieu du bleu de Prusse, mettez du bleu d'outremer; quant à celles de Strasbourg, Delft, etc., elles ne sortent guère de ces tons-là.

Le fond une fois préparé, posez-le au moyen d'un pinceau queue de morue en martre : chaque couche devra être un peu épaisse; ayez soin de laisser sécher la première avant de poser la seconde : de la sorte la couleur ne fera saillie nulle part, ce qui arriverait infailliblement si vous ne faisiez qu'une seule couche.

XX.

DES BLANCS DE PORCELAINE.

Les pâtes tendres sont d'un blanc laiteux; il ne faut prendre pour ce ton que deux couleurs, le blanc de zinc et une pointe d'ocre jaune.

Le vieux Saxe a plutôt un ton légèrement verdâtre: un peu de bleu de Prusse broyé avec le blanc et l'ocre vous le donnera.

Dans les porcelaines modernes, les tons sont généralement d'un blanc bleuâtre. Pour l'imiter, mettez dans votre blanc une parcelle d'indigo.

XXI.

DES BLEUS DE FAÏENCE.

On voit souvent dans les Musées et dans les collections particulières des pièces restaurées dont les bleus sont devenus verts; ce changement de couleur est dû à l'emploi du bleu de Prusse. Les gros bleus de faïence et de porcelaine, le bleu du roi, etc., s'imitent au moyen de l'outremer et de la laque carminée : avec ces deux couleurs on obtient les tons les plus beaux.

Les bleus des porcelaines de la Chine et du Japon étant moins purs, il faut ajouter un peu d'indigo, quelquefois même un peu de noir.

Quand on imite les bleus de faïence avec l'outremer et la laque carminée, on obtient quelquefois un ton trop riche, ce qui jure dans le raccord : pour éviter ce défaut, éteignez le bleu en ajoutant un peu d'ocre jaune.

Il y a encore des bleus presque violets. Pour ceux-là, augmentez la proportion de laque carminée. Pour les autres qui sont plus pâles, ajoutez un peu de blanc de zinc, et ayez bien soin de mettre assez de vernis pour bien imiter l'émail, et pour que le bleu se fonde mieux.

XXII.

RÉPARATION DE LA TERRE CUITE.

Lorsqu'on a une terre cuite à réparer, il faut d'abord la nettoyer avec de l'eau seconde. Une fois la pièce lavée, passez-la à l'eau pure, puis gâchez un peu de plâtre que vous posez sur les morceaux qui doivent être recollés ; joignez-les ensuite, et laissez-les sécher : le plâtre formera saillie le long de la cassure, mais vous le gratterez avec la ripe, puis vous terminerez en usant au papier de verre. Ceci terminé, préparez une teinte à la gomme arabique pour enduire entièrement votre pièce.

Pour faire cette teinte, prenez quatre parties d'ocre jaune, deux parties de rouge de brique, une partie de noir et quatre parties de blanc de neige ; broyez le tout sur une palette avec de l'eau gommée ou avec du lait, et posez également cette couleur sur votre terre cuite au moyen d'un pinceau doux. Une fois cette première couche sèche, mettez-en une seconde et laisser sécher. Il faut faire la teinte un peu plus foncée que le modèle, car elle devient plus claire en séchant. En mêlant la couleur, essayez quelques touches sur la terre cuite, jusqu'à ce que vous obteniez le ton exact.

On recolle aussi la terre cuite avec la colle forte, comme les porcelaines et les faïences, et on rebouche de même à la pâte les éclats et les parties manquantes ; mais le procédé que je viens d'indiquer est le meilleur et le plus sûr : le plâtre, se soudant bien à la terre, rendra le travail plus facile et plus solide.

Pour les morceaux qui manquent à une terre cuite, il faut procéder comme pour la faïence, en soudant des fils de fer sur lesquels on bâtit avec le plâtre à modeler : c'est le seul moyen d'obtenir des morceaux solides.

XXIII.

DES FAÏENCES DE BERNARD PALISSY.

La réparation de ces faïences est assez facile. En effet, la principale difficulté de l'art du réparateur est de réussir les fonds blancs ; or ces fonds se rencontrent rarement dans les faïences de Palissy. On procédera comme pour les autres faïences ; cependant je ferai remarquer que l'émail de celles de Palissy est plus gras et plus épais : on ne craindra donc pas d'employer le vernis, dont on fera bien de mettre une couche sur la pièce avant d'y poser les tons, ce qui n'empêchera pas de terminer par une nouvelle couche de vernis.

XXIV.

DES RELIEFS DORÉS.

Quand les reliefs ont une certaine saillie, on doit les refaire en pâte, ainsi qu'on procède pour les reliefs des émaux. Si au contraire ils sont légers, il suffira d'ajouter un peu plus de couleur dans la mixtion : on sait qu'on appelle ainsi le vernis dont se servent les doreurs sur bois pour fixer l'or en feuilles. On aura soin de poser l'or avant que la mixtion soit sèche.

XXV.

DES REFLETS MÉTALLIQUES.

Quand la pièce sera recollée et rebouchée, posez le fond, en ayant soin de le faire un peu plus pâle ; pour bien l'égaliser, servez-vous d'un pinceau en putois, au moyen duquel vous obtenez une couche unie et régulière ; attendez jusqu'au lendemain sans mettre la pièce à l'étuve, afin qu'elle ne sèche pas trop vite ; prenez ensuite de l'or en poudre et passez-en légèrement sur le fond avec une estompe, et sans trop appuyer. La couleur prendra une teinte dorée qui se rapprochera du reflet métallique. Quand l'or est trop foncé, ajoutez-y un peu d'argent.

XXVI.

DE LA DORURE DES PORCELAINES ET DES FAÏENCES.

Les dorures des porcelaines de la Chine et du Japon sont ordinairement un peu ternes : on se sert pour les imiter de bronze en poudre. Une fois la pièce réparée, mêlez sur une palette quelques gouttes de copal avec un peu de bronze en poudre, et broyez avec le couteau à palette; si le mélange devient trop épais, ajoutez un peu d'essence quand vous vous en servirez.

Dans les porcelaines de Sèvres ou de Saxe, les dorures sont plus riches : on n'en obtient le ton qu'avec de l'or en poudre et au moyen d'une mixtion.

Préparez la mixtion sur la palette avec du rouge de brique si l'or est rouge, et avec de l'ocre si l'or est jaune; broyez bien, pour ne laisser aucun grain ; laissez sécher vingt-quatre heures; ensuite, avec un morceau de drap roulé en estompe, prenez l'or en poudre, frottez le décor, et vous obtiendrez un or brillant.

On peut encore, lorsqu'il y a peu d'or à refaire sur

la pièce, se servir d'or en coquille ; seulement il reste mat. Ces opérations terminées, on passe une couche de vernis Sœhnée.

Pour argenter les cristaux, on procède de même, en se servant d'argent en poudre et en ajoutant du blanc de neige à la mixtion.

XXVII.

RÉPARATION DES BISCUITS DE PORCELAINE.

Si le biscuit est sale, nettoyez-le au savon noir à l'aide d'un pinceau fort, en frottant bien de manière à obtenir de la mousse. Si cette friction ne suffit pas, servez-vous de l'eau de Javelle, après quoi vous laverez à grande eau et laisserez sécher.

Si la pièce nécessite une réparation et que les morceaux soient grands, recollez à la colle forte ; servez-vous de la gomme laque pure si les morceaux sont petits et fragiles. Il est très-difficile d'imiter le blanc mat du biscuit : s'il exige une réparation très-solide, percez des trous et mettez des fers ; ce procédé est excellent pour fixer une aile, un bras, une main, etc. Une fois le morceau recollé, rebouchez à la pâte et usez au papier de verre ; pour terminer, faites une pâte un peu claire, composée par moitié de blanc de zinc et de blanc d'Espagne, et délayée avec de la gomme arabique liquide.

Si le biscuit est bleuâtre, ajoutez à votre blanc un peu de bleu; puis posez cette préparation avec un pinceau, en en fondant les bords; quand ce travail est terminé, laissez bien sécher et passez cette restauration au papier de verre *double zéro*, vous obtiendrez de cette manière le poli du biscuit.

Si le biscuit est en pâte tendre, ne mettez pas de bleu, ajoutez au contraire à la pâte une légère teinte d'ocre jaune.

XXVIII.

RÉPARATION DES GRÈS.

Les petites pièces en grès de Flandre ou de Cologne se réparent comme les porcelaines et les faïences; pour celles de grande dimension qui doivent rester en plein air, on emploie un ciment inaltérable, dont voici la recette: prenez 20 parties de sable de rivière, blanc et sec, 2 parties de litharge bien pulvérisée, 1 partie de chaux vive en poudre, et mêlez avec de l'huile de lin siccative; enduisez d'abord les parties à recoller d'huile de lin. Ce ciment devient au bout de quelques semaines aussi dur que le grès, et il est inaltérable à l'eau.

XXIX.

COLLAGE DES FAÏENCES, PORCELAINES, ETC., SUR LES MONTURES EN MÉTAL OU EN BOIS.

On prend de la gomme laque ordinaire en tablettes, ou du mastic de fontainier, qu'on casse en petits morceaux, et qu'on fait fondre dans une casserole. On approche du feu la pièce et la monture; quand elles sont assez chaudes, on met la pièce en place sur la monture ; puis, la retournant sens dessus dessous, on verse sur le fond la laque en ébullition, et on laisse refroidir.

Il est surtout essentiel de procéder ainsi pour les porcelaines; si elles n'étaient pas chauffées, non-seulement la gomme laque n'adhérerait pas, mais la pièce pourrait se casser.

XXX

RÉPARATION DES ÉMAUX.

La réparation des émaux sur cuivre ne peut bien se faire qu'à froid, et on aurait tort de croire qu'il est possible de les remettre au feu. Les émaux fracturés laissent ordinairement apercevoir le cuivre : pour reboucher les parties manquantes, on se servira, comme pour la porcelaine, de la gomme laque ordinaire ; aucune pâte ne pourra la remplacer, car elle n'aurait pas assez de prise sur le cuivre. Chauffez graduellement l'émail à la lampe à esprit-de-vin, posez ensuite la gomme laque, qui adhérera de suite au cuivre s'il a été assez chauffé ; égalisez la laque en passant dessus à plat la lame chauffée d'un couteau ; ensuite enlevez le surplus avec le grattoir. Enfin, rebouchez encore avec la pâte de gomme et de blanc d'Espagne, comme pour les autres réparations.

Pour repeindre les émaux, on procède comme pour les faïences ; seulement on prendra le copal un peu plus épais.

Quelques émaux de Limoges de la décadence sont entourés d'un dessin en relief blanc et noir, et rehaussé d'or : ces reliefs, quand ils sont cassés, se refont de la manière suivante : Dessinez d'abord au crayon ce qui manque sur l'émail ; faites une pâte de gomme arabique et de blanc d'Espagne un peu claire, que vous prenez avec la pointe de votre spatule, et posez-la en revenant sur les parties qui doivent être plus saillantes ; puis, avec un pinceau légèrement trempé dans l'eau, unissez et arrondissez les reliefs. Si ce dernier travail est bien soigné, il dispensera de faire usage du papier de verre; une fois la pâte sèche, décorez au moyen de couleurs un peu épaisses.

Pour la dorure des émaux on procède comme pour celle des faïences et porcelaines.

XXXI.

DES ÉMAUX AUXQUELS IL MANQUE DES MORCEAUX DE CUIVRE.

Il arrive parfois que des émaux ont perdu non-seulement l'émail proprement dit, mais encore une partie du cuivre; voici dans ce cas la manière de procéder:

Faites souder par un chaudronnier étameur un léger morceau de cuivre ou de zinc à la partie manquante, en recommandant que la soudure ne fasse pas saillie sur la jointure. Mettez ensuite une légère couche de gomme laque, sur laquelle vous dessinerez le reste du sujet; ayez soin de faire votre peinture un peu épaisse, afin de mieux imiter le brillant de l'émail.

XXXII.

DES ÉMAUX SUR PAILLON ET SUR FOND D'ARGENT.

Le paillon donnant un reflet très-vif, l'or en poudre ne peut servir à l'imiter; on prendra de l'or brillant en feuilles dont se servent les fabricants d'éventails: cet or brillant est plus fort que l'or qu'on vend en livrets; appliquez-le au moyen de gomme sur les parties à restaurer, puis, quand ce collage est sec, faites en sorte d'obtenir le ton de couleur sans mélange de blanc ou autre couleur opaque, afin de conserver la transparence et de laisser apercevoir l'or. On doit employer pour ces sortes de réparations peu de couleur et beaucoup de vernis.

La réparation des émaux translucides sur fond d'argent, dits aussi *émaux de basse taille*, est la même; il suffira de remplacer l'or par l'argent en feuilles.

XXXIII.

RECOLLAGE ET RESTAURATION DES VERRES DE VENISE, DE BOHÊME, ETC.

Ordinairement le verre ne se répare pas : on le recolle simplement ; cependant, si l'on désire faire disparaître les cassures ou félures, on emploiera le moyen suivant : faites, après que les morceaux sont recollés, un dessin avec de la mixtion sur les raies formées par les cassures, et dorez ensuite ; répétez les mêmes dessins à l'intérieur, et la cassure sera dissimulée. Cette réparation ne peut se faire que sur des objets dont on ne se sert pas.

Quand le verre n'est cassé qu'au pied, l'opération devient plus facile : faites une *portée* de chaque côté du pied cassé, joignez les deux bouts en y collant une bague en cuivre au moyen de la gomme laque ordinaire ou du plâtre. On peut encore procéder sans bague, en perçant un trou de chaque côté du pied cassé ; on mettra un fer et on collera en chauffant légèrement à la laque ordinaire : il est nécessaire de chauffer les morceaux, pour éviter de faire casser le cristal. Rebouchez les fentes qui resteraient, posez la mixtion, et dorez.

XXXIV.

RÉPARATION DES LAQUES DE CHINE, VERNIS MARTIN, ETC.

Cette réparation n'est pas très-difficile, la peinture étant souvent noire ou de couleur foncée; néanmoins les rebouchages demandent certains soins : il n'est pas possible de les faire à chaud, ni de mettre les morceaux au feu, ce qui exposerait à brûler la laque. Faites le recollage à la colle forte et rebouchez avec la pâte de gomme et de blanc d'Espagne; usez ensuite, mais légèrement, car la laque n'étant pas dure comme l'émail, le papier de verre en usant le rebouchage pourrait la rayer. Une fois le décor terminé, faites chauffer à l'étuve; ensuite ajoutez le dernier vernis.

Pour la dorure et les épaisseurs, on procédera comme dans les émaux.

XXXV.

RÉPARATION DE L'ALBATRE.

L'albâtre blanc étant transparent, ne peut recevoir de couleur, ce qui formerait tache. Commencez, comme pour toute autre pièce, par bien savonner les morceaux : prenez ensuite de la poudre d'albâtre, que vous mêlez à la gomme, et posez-la sur les morceaux cassés, que vous joignez ; enlevez les bavures, et usez au papier de verre lorsque la pièce sera sèche. Pour l'albâtre oriental, dont les veines jaunes et brunes se rapprochent du marbre, faites une teinte avec un morceau pulvérisé et de l'eau gommée, et peignez l'endroit cassé ; quand il sera sec, passez de l'encaustique à la cire, que vous frotterez ensuite avec un morceau de drap, afin de donner à la partie restaurée le poli de l'albâtre.

On répare aussi l'albâtre blanc au moyen des procédés indiqués pour la terre cuite. Il est quelquefois nécessaire de consolider les pièces au moyen de goujons : ces goujons doivent être en bois, en cuivre ou en plomb ; si l'on se servait de fer comme pour les faïences et les porcelaines, la colle ou le plâtre ferait apparaître des taches de rouille.

XXXVI.

RÉPARATION DES MARBRES.

Les marbres de couleur foncée se recollent avec la gomme laque : prenez-en d'un ton qui se rapproche le plus possible de celui du marbre ; faites chauffer les morceaux, et après les avoir enduits de laque, joignez-les et rabattez les bavures avec un couteau bien chauffé. Si le marbre est blanc ou jaunâtre, employez la cire blanche, que vous fondez sur les morceaux chauffés à l'avance, et rejoignez-les. Dans ce cas-là ils exigent presque toujours des fers, autrement ils manqueraient de solidité. Les éclats et les petits morceaux manquants se refont à la cire. Pour les marbres anciens, d'une couleur jaunâtre, ajoutez à la cire blanche un peu de cire jaune, et fondez-les ensemble dans une petite tasse.

La cire employée de cette manière conserve une transparence qui imitera parfaitement le ton doux du marbre.

XXXVII.

RÉPARATION DES PLATRES.

Les statuettes et les objets en plâtre se recollent aisément à la colle forte : mais pour faire une réparation convenable, il faut employer le même moyen que les mouleurs, c'est-à-dire recoller et réparer les plâtres avec le plâtre même, sans qu'on aperçoive les cassures.

Commencez par mouiller les morceaux cassés, puis gâchez du plâtre clair que vous laissez noyer ; lorsqu'il commence à prendre, c'est le moment de l'employer : vous en posez alors sur chaque morceau que vous avez eu soin de mouiller ; vous les rapprochez et rabattez les bavures avec votre spatule, en ayant soin de reboucher immédiatement les creux que les cassures pourraient laisser ; puis, à mesure que le plâtre prend, grattez-en le surplus avec la ripe, en laissant pourtant une légère épaisseur que vous enlèverez avec du papier de verre *double zéro*, ce qui terminera l'opération.

Quand les morceaux à recoller sont fragiles et qu'il est difficile de les faire tenir, faites alors comme pour l'albâtre : mettez des armatures ou goujons, soit en bois, soit en plomb, pour éviter la rouille que le fer ne manquerait pas de produire si l'on s'en servait ; on peut cependant employer le fer, en l'enduisant préalablement de chaux détrempée, de cire chaude ou de résine.

XXXVIII.

COMMENT ON DONNE AUX PLATRES LA COULEUR DE LA TERRE CUITE.

Les objets en plâtre ont l'inconvénient de se salir facilement, sans qu'on puisse leur rendre leur propreté primitive. On peut remédier à cet inconvénient en donnant au plâtre le ton de la terre cuite. On procède alors comme je l'ai indiqué pour la terre cuite même, et on étend la couleur au moyen d'un pinceau doux. Il faut toujours donner deux couches, afin d'obtenir un ton égal.

On peut aussi employer la peinture à l'huile, mais cette couleur a l'inconvénient de former épaisseur, et d'empâter les finesses du modelé.

XXXIX.

MANIÈRE DE BRONZER LES PLATRES.

Il existe plusieurs manières de bronzer les plâtres; celle que je donne ici est la meilleure et la plus simple. Laissez d'abord bien sécher votre plâtre, puis vous préparez, dans une solution étendue et bien délayée de colle forte, du bleu de Prusse, du noir de fumée et de l'ocre jaune; étendez-la avec un pinceau sur la surface de l'objet à bronzer; quand il est sec, donnez une seconde couche, et avant que cette dernière soit sèche, prenez du bronze en poudre, et appliquez-le au moyen d'un pinceau sur toutes les parties saillantes de l'objet, en fondant les bords sur la teinte. Pour terminer et donner le poli du métal, passez sur toute la pièce une légère couche d'encaustique à l'essence, et au bout de quelques heures, frottez avec un linge sec.

XL.

NETTOYAGE DES BRONZES DORÉS.

Frottez-les au moyen d'un pinceau un peu dur trempé dans du savon et de l'eau chaude, puis lavez à grande eau, et mettez le bronze dans de la sciure de bois : elle s'introduit dans toutes les cavités, et absorbe l'eau. Ce soin est essentiel pour enlever l'humidité qui pourrait faire oxyder le bronze. On enlève la sciure de bois en brossant fortement avec un pinceau, et on expose le bronze à un feu vif; après quoi on essuie avec un linge sec, qu'on passe sur les parties brunies.

AUTRE MOYEN.

On peut encore faire chauffer du vin ordinaire, et en frotter le bronze au moyen d'un pinceau. Ce lavage une fois terminé, on mettra le bronze dans la sciure de bois près d'un feu vif, après quoi on essuiera avec un linge sec.

XLI.

NETTOYAGE DE LA DORURE SUR BOIS.

Quand cette dorure est ternie par la poussière ou par la fumée, elle exige plus de précautions que celle des bronzes. Prenez un pinceau en blaireau, et avec de l'eau de puits lavez légèrement et à grande eau, afin de faire disparaître les corps étrangers; laissez bien sécher; ensuite, pour rendre à la dorure sa fraicheur primitive, enduisez-la de jaune d'œuf, que vous étendez légèrement à l'aide d'un pinceau.

FIN.

TABLE DES CHAPITRES

M. P. THIAUCOURT, *rue de Trévise*, 16, *à Paris, se met à la disposition des amateurs qui auraient des explications ou des conseils à lui demander.*

---

543 — Paris, imprimerie de Jouaust, rue Saint-Honoré, 338.

On trouve à la librairie d'AUGUSTE AUBRY, rue Dauphine, 16, tous les Ouvrages qui ont paru depuis quelques années sur l'Histoire de la Faïence, de la Porcelaine, et de la Céramique en général.

---

543 — Paris, impr. JOUAUST, rue Saint-Honoré, 338.

www.ingramcontent.com/pod-product-compliance
Lightning Source LLC
LaVergne TN
LVHW012000160826
845678LV00002B/652

* 9 7 8 2 3 2 9 6 8 1 4 6 7 *